CB054097

CADERNO DE ESPIRITUALIDADE
Coragem para tomar decisões

Coleção Caderno de Espiritualidade
Anselm Grün

- Caderno de espiritualidade – A sublime arte de envelhecer
- Caderno de espiritualidade – Descubra o sagrado em você
- Caderno de espiritualidade – Não desperdice sua vida
- Caderno de espiritualidade – Viver - Não apenas nos fins de semana
- Caderno de espiritualidade – Coragem para tomar decisões

Dados Internacionais de Catalogação na Publicação (CIP)
(Câmara Brasileira do Livro, SP, Brasil)

Grün, Anselm
 Caderno de espiritualidade : coragem para tomar decisões / Anselm Grün ; tradução de Karin Andrea de Guise. – Petrópolis, RJ : Vozes, 2022. – (Coleção Cadernos de Espiritualidade)

Título original: Was will ich?
ISBN 978-65-5713-667-6

1. Relações humanas – Aspectos religiosos – Cristianismo 2. Tomada de decisão – Aspectos religiosos – Cristianismo 3. Vida cristã I. Guise, Karin Andrea de. II. Título. III. Série.

22-115705   CDD-248.4

Índices para catálogo sistemático:
1. Tomada de decisão : Vida cristã : Cristianismo 248.4

Eliete Marques da Silva – Bibliotecária – CRB-8/9380

ANSELM GRÜN

CADERNO DE ESPIRITUALIDADE

Coragem para tomar decisões

Tradução de Karin Andrea de Guise

EDITORA
VOZES

Petrópolis

© 2020 Vier-Türme-Verlag, 97359 Münsterschwarzach Abtei
Através da Agência Literária Carmen Balcells
Layout & Design: © wunderlichundweigand
Ilustrações: © Shutterstock

Tradução realizada a partir do original em alemão intitulado *Was will ich – Mut zur Entscheidung*

Direitos de publicação em língua portuguesa – Brasil:
2022, Editora Vozes Ltda.
Rua Frei Luís, 100
25689-900 Petrópolis, RJ
www.vozes.com.br
Brasil

Todos os direitos reservados. Nenhuma parte desta obra poderá ser reproduzida ou transmitida por qualquer forma e/ou quaisquer meios (eletrônico ou mecânico, incluindo fotocópia e gravação) ou arquivada em qualquer sistema ou banco de dados sem permissão escrita da editora.

CONSELHO EDITORIAL

Diretor
Gilberto Gonçalves Garcia

Editores
Aline dos Santos Carneiro
Edrian Josué Pasini
Marilac Loraine Oleniki
Welder Lancieri Marchini

Conselheiros
Francisco Morás
Ludovico Garmus
Teobaldo Heidemann
Volney J. Berkenbrock

Secretário executivo
Leonardo A.R.T. dos Santos

_____

Editoração: Laís Costa Lomar Toledo
Diagramação e capa: wunderlichundweigand
Arte-finalização: Raquel Nascimento
Ilustrações de capa: © shutterstock.com
Ilustrações de miolo: © shutterstock.com
Revisão gráfica: Editora Vozes

ISBN 978-65-5713-667-6 (Brasil)
ISBN 978-3-7365-0322-9 (Alemanha)

Este livro foi composto e impresso pela Editora Vozes Ltda.

Coloquei diante de você
a vida e a morte,
a bênção e a maldição.
Agora escolha a vida,
para que você viva.

Dt 30,19

Cara leitora, caro leitor,

Nos seminários voltados para executivos, os participantes frequentemente me perguntam, durante a mesa redonda, como eles podem aprender a tomar boas decisões. Muitos dentre eles têm a impressão de estar constantemente sob pressão para ter que decidir alguma coisa. Essa pressão os sobrecarrega e despende muita energia.

No entanto, o tema DECISÃO não diz respeito apenas aos planejamentos concretos que temos que fazer no trabalho ou ao longo da nossa vida. A cada instante do nosso dia a dia, devemos nos decidir se queremos ser vítimas das circunstâncias ou se queremos moldar nossas próprias vidas. Podemos decidir pelas lamúrias ou pelas mudanças, pela irritação ou pela serenidade interior, pelo infortúnio ou pela alegria. Hoje em dia, muitos livros no campo da autoajuda dão a impressão de que podemos ter tudo em nossas mãos, que através das nossas decisões em termos bons pensamentos e sentimentos seremos capazes de criar a nós mesmos, por assim dizer. Isso é exagero. No entanto, existe aí um grãozinho de verdade: somos responsáveis pelos pensamentos ou sentimentos com os quais reagimos àquilo que nos acontece.

Nas nossas mãos repousa a decisão a favor ou contra a vida. O Deus dos israelitas apresentou a decisão entre a vida e a morte da seguinte maneira:

"Coloquei diante de vocês a vida e a morte, a bênção e a maldição. Agora escolham a vida, para que vocês vivam" (Dt 30,19).

A escolha pela vida não é apenas uma decisão fundamental que temos que fazer uma única vez. Pelo contrário, somos constantemente desafiados para decidirmos pela vida a cada instante.

Eu desejo e espero que você, querida leitora e querido leitor, encontre neste livro sugestões que continuem a ajudá-lo de maneira concreta. Por isso gostaria de fazer algumas perguntas e, caso queira, há aqui muito espaço para respondê-las para si mesmo. Eu também gostaria de lhe dar alguns estímulos e encorajamentos neste caminho – você pode levá-los consigo ao longo do dia ou utilizá-los como uma abertura para conversar com outras pessoas. E, por fim, eu ficaria feliz se minhas sugestões e perguntas fizessem com que você simplesmente continuasse pensando e encontrasse as suas próprias soluções e respostas que são precisamente adequadas para a sua vida. Se quiser, também pode tomar nota dessas soluções e respostas aqui. Talvez esse livro se torne, então, um importante companheiro na sua caminhada, um livro que sempre gostará de abrir para dar uma olhada, no qual você acrescentará e continuará a escrever até que ele tenha se tornado o seu livro.

Afetuosamente, seu
Anselm Grün

SER UM SER HUMANO SIGNIFICA TER QUE DECIDIR

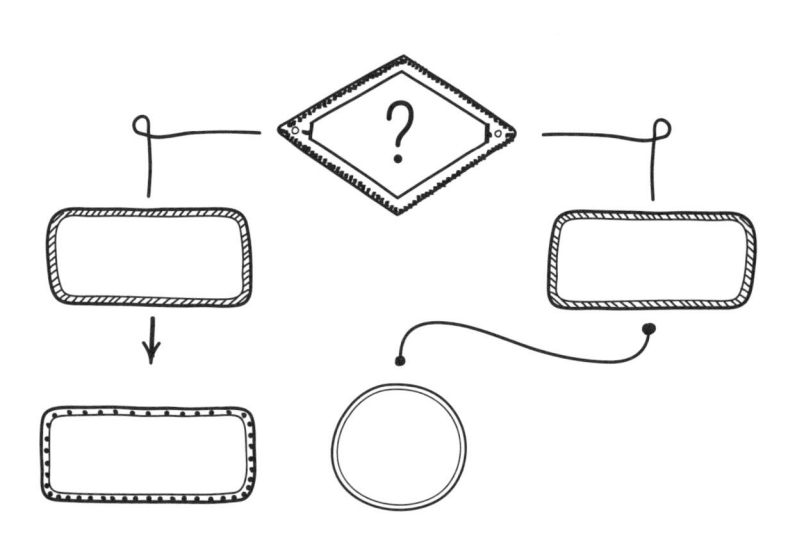

Em contraste com a filosofia grega, em
que o indivíduo é apenas parte da raça
humana, a tradição judaico-cristã sempre enfatizou a singularidade humana e
sua historicidade. Ao pensá-la, o ato de
decidir teve um significado fundamental.
Por meio dele o ser humano forma sua
existência histórica única. No entanto,
ele não decide apenas sobre si mesmo em
sua história, mas também sobre a própria
História. Ele a molda pelas suas decisões.
O ser humano não está simplesmente ali;
pelo contrário, ele primeiro deve se tornar
o que deseja ser. De uma certa maneira,
ele determina o seu ser por meio de suas
decisões sobre o que fazer ao longo da
vida: sua existência histórica única.

Ao tomar uma decisão as pessoas se comprometem e, assim, podem se colocar em uma situação da qual talvez seja difícil sair. Ao fazer isso, abrimos mão de diversas possibilidades. Então projetamos nossa história pessoal. Esse tipo de pensamento faz com que as pessoas de hoje sintam-se pesadas, pois elas gostariam de manter todas as portas abertas. Mas quem não decide e não está pronto para se comprometer com a sua decisão permanece disforme; não se desenvolve.

Muitas vezes é difícil nos comprometermos, mesmo em pequena escala, pois isso faz com que as demais possibilidades se tornem impossíveis.

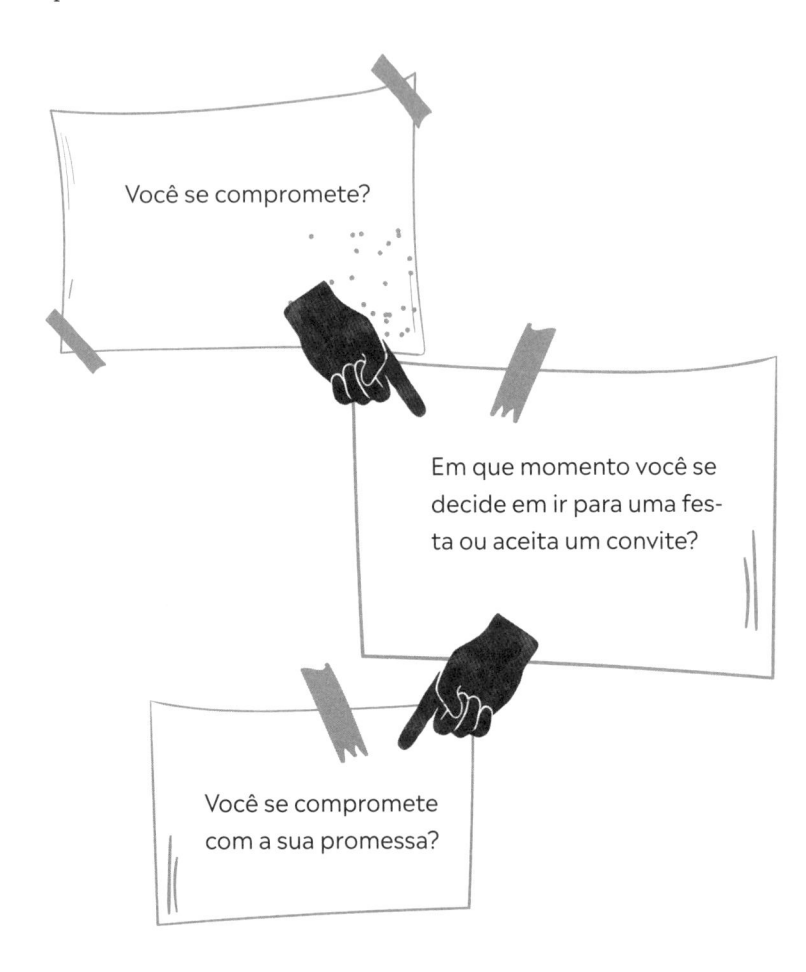

É difícil para você aceitar um compromisso? Caso você seja sincero consigo mesmo, qual é o motivo para isso?

☐ Eu tenho medo de perder alguma outra coisa se eu me comprometer com algo.

☐ Eu temo que poderei ter coisas demais a fazer ao longo do dia, então acabaria tendo que cancelar. Quero evitar isto.

☐ Tenho a sensação de que algo melhor pode surgir.

☐ Eu tenho tantos prazos a cumprir que não quero ter ainda mais planejamento de tempo na minha agenda.

☐ Eu conheço tanta gente que não consigo manter todos meus compromissos.

☐ Eu acho que, para meus amigos, o compromisso ao aceitar um convite não é muito importante, pois eles veem um convite como uma possibilidade aberta e não necessariamente obrigatória.

Tomar decisões é algo que já começa
quando acordamos. Quando o desperta-
dor toca eu posso me levantar imediata-
mente ou ficar deitado um pouco mais.
É necessário um empurrão interno para
levantar de pronto. Então tenho que
decidir o que vou vestir. Nosso quotidiano é sempre formado por uma mistura
de hábitos e decisões. Quando o hábito
domina o quotidiano, ele se torna gradual-
mente vazio; quando é constituído apenas
de decisões, ele se torna exaustivo. As
duas coisas são necessárias: os processos
habituais economizam energia para que
eu possa tomar as decisões que constantemente tenho que fazer.

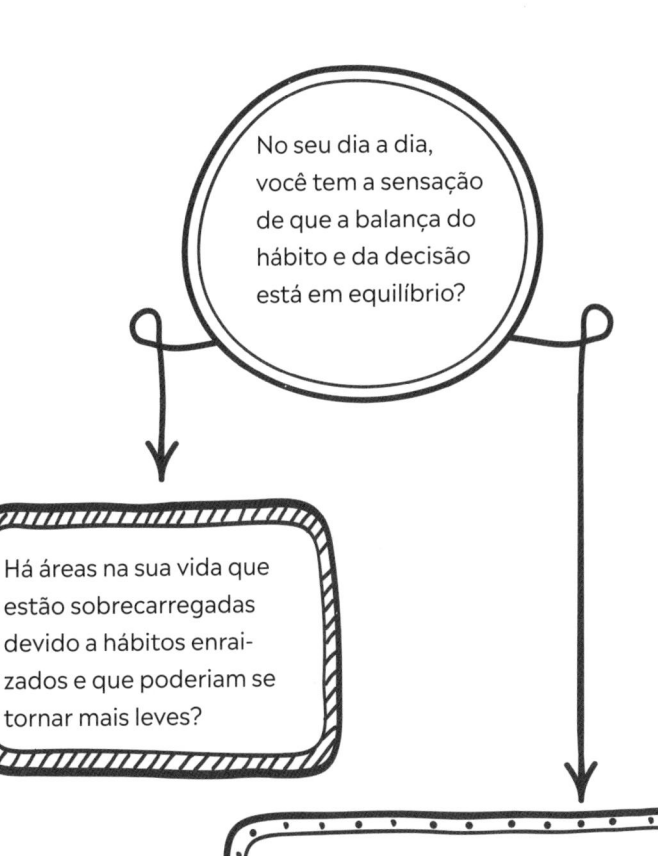

No seu dia a dia, você tem a sensação de que a balança do hábito e da decisão está em equilíbrio?

Há áreas na sua vida que estão sobrecarregadas devido a hábitos enraizados e que poderiam se tornar mais leves?

Existem áreas em sua vida onde você se sente oprimido pelos hábitos e nas quais você gostaria de trazer mais espontaneidade e, assim, também mais decisões para o respectivo momento?

Esta página é para que você possa fazer suas anotações.

Existem também decisões que não podem simplesmente ser feitas impulsivamente. Por exemplo, tomamos algumas decisões de vida que são a base para o futuro. Há uma enorme diferença entre decidir casar-se ou decidir escolher um caminho no qual o casamento não fará parte. Meu futuro depende de eu decidir ser sócio desse amigo ou dessa amiga ou se eu abro mão dessa relação e procuro um outro caminho. E é uma decisão de vida eu ir trabalhar no exterior durante alguns anos ou fazer trabalho voluntário, se eu decido cursar este ou aquele curso e assim orientar meu trabalho nesta ou naquela direção. É necessário tempo para tomar essas decisões.

Devemos considerar cuidadosamente cada questão e trocar ideias com os outros, mas jamais perguntar à outra pessoa: o que você decidiria? Na verdade, os outros deveriam nos perguntar por que nós queremos decidir desta ou daquela maneira. O outro vai nos confrontar com as nossas motivações, vai nos perguntar quais objetivos nos colocam em movimento quando, por exemplo, nos decidimos a favor ou contra uma determinada parceria ou sociedade. Muitas vezes, não chegamos a lugar algum quando refletimos sozinhos. Precisamos de alguém que segure o espelho para que possamos ver nossas próprias motivações e pensamentos e assim possamos avaliá-los melhor.

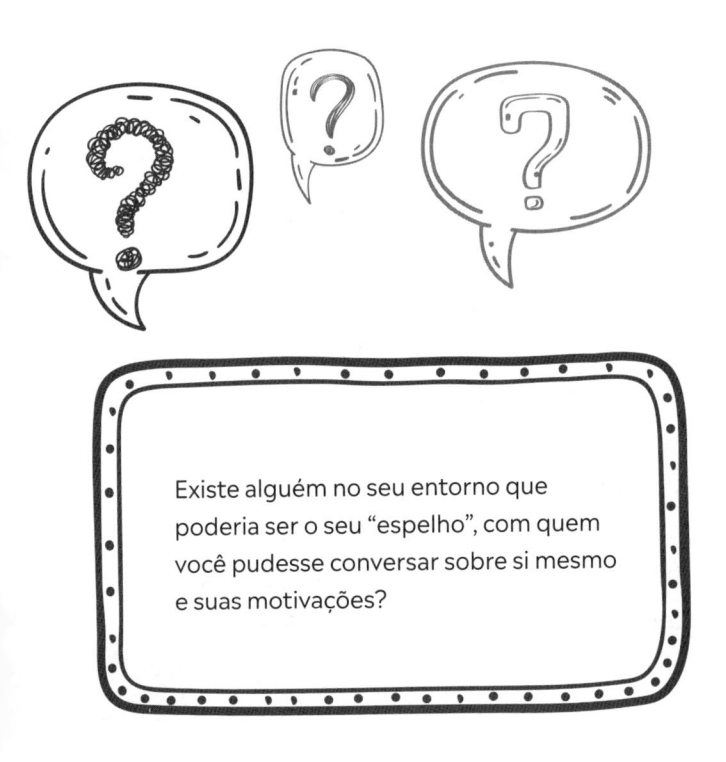

> Existe alguém no seu entorno que poderia ser o seu "espelho", com quem você pudesse conversar sobre si mesmo e suas motivações?

É importante procurar alguém em quem você confie, com quem você possa se abrir, mas que, por outro lado, também se sinta à vontade para lhe dizer a verdade que talvez você não queira ouvir ou que não seja muito fácil de digerir e aceitar.

O próximo passo seria encarar os motivos: por que eu quero ir para o exterior? Por que estou propenso a me decidir por este emprego ou por este cargo? É a ambição que está me empurrando para frente? Ou será que internamente eu sinto que tenho que fazer isto? É a atração pela novidade, é o anseio por aventuras? Todos esses motivos são plausíveis. Não devemos jamais pensar que temos apenas motivos puros, eles estão sempre misturados. Diante de tudo isso seria bom nos perguntarmos qual é o motivo principal e se ele realmente é válido.

Tente agora ser o seu próprio espelho e dizer sinceramente para si mesmo quais são os motivos para ter tomado uma determinada decisão. Tente não fingir, não apresente outras razões, seja simplesmente sincero consigo mesmo, sem subterfúgios.
Apenas desta maneira você conseguirá tomar uma decisão que, no final, conseguirá cumprir. Aqui há lugar para anotar suas razões e motivações.

Em algum momento chegará o instante
em que teremos de tomar uma decisão,
e isto fará com que saltemos rumo à
confiança. Se as consequências serão
do nosso agrado ou não, isso não é algo
decisivo. O fator decisivo é se confiamos
que faremos progressos internos ao
longo deste caminho, que este caminho
é um caminho da transformação que nos
conduz cada vez mais à nossa própria
verdade, à forma única e original que Deus
fez para cada um de nós.

DECISÃO E RESPONSABILIDADE

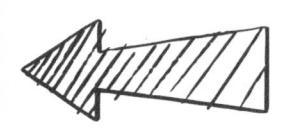

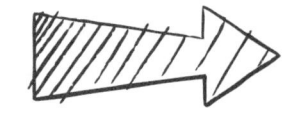

Existe em nós uma instância que vê o todo, que vê tudo aquilo que deve ser levado em conta quando tomamos uma decisão. A consciência nos conduz a essa instância interior na qual devemos tomar todas as decisões. Nela reconhecemos a verdade interna, que deve ser justa em cada decisão. Para tudo, posso confiar na minha consciência. No entanto, não devo confundir minha consciência com minha opinião ou com minha vontade. Não posso acreditar que toda decisão que tomo – motivada por um determinado estado de espírito ou uma necessidade pessoal – seja considerada uma decisão consciente.

Quando agimos com consciência levamos em conta as outras pessoas que serão atingidas pela nossa decisão. Nossa consciência nos impede de tomar decisões que possam prejudicar os outros. Quando agimos desta forma estamos sempre ligados às outras pessoas, pelas quais assumimos responsabilidade em nossas ações.

Tão logo eu tenha me decidido por alguma coisa, tenho também a responsabilidade de levar adiante essa decisão. E a minha responsabilidade não diz respeito apenas à decisão em si, mas também às consequências dela. Nós assumimos a responsabilidade não só naquele instante, mas também pelo futuro. Criamos um espaço onde algo pode crescer, responsabilizando-nos por nós mesmos, pelo nosso corpo e nossa alma, assumindo igualmente a responsabilidade pelas pessoas à nossa volta.

Muitas pessoas têm dificuldade em tomar decisões porque temem suas consequências. Elas têm medo de, através das suas decisões, assumir a responsabilidade de algo que não podem prever. Afinal, a partir disso, poderia sobrevir algum dano para si mesmas ou para o seu entorno. Então, acabam preferindo não decidir. É claro que existem coisas que preferimos deixar crescer, sem que precisemos escolher. Mas em muitas áreas, a não decisão lesa o crescimento; seja o crescimento pessoal, o crescimento de uma comunidade, de uma firma ou de uma sociedade.

É o medo diante da responsabilidade que o impede de tomar decisões? Talvez também seja útil refletir aqui sobre o que poderia acontecer caso você tomasse suas decisões.

Escreva na sua árvore que "cresce para baixo", o que, na sua opinião, aconteceria na pior das hipóteses se você tomasse uma decisão. Pelo que você teria que se responsabilizar, quais conse- quências negativas você teria que encarar?

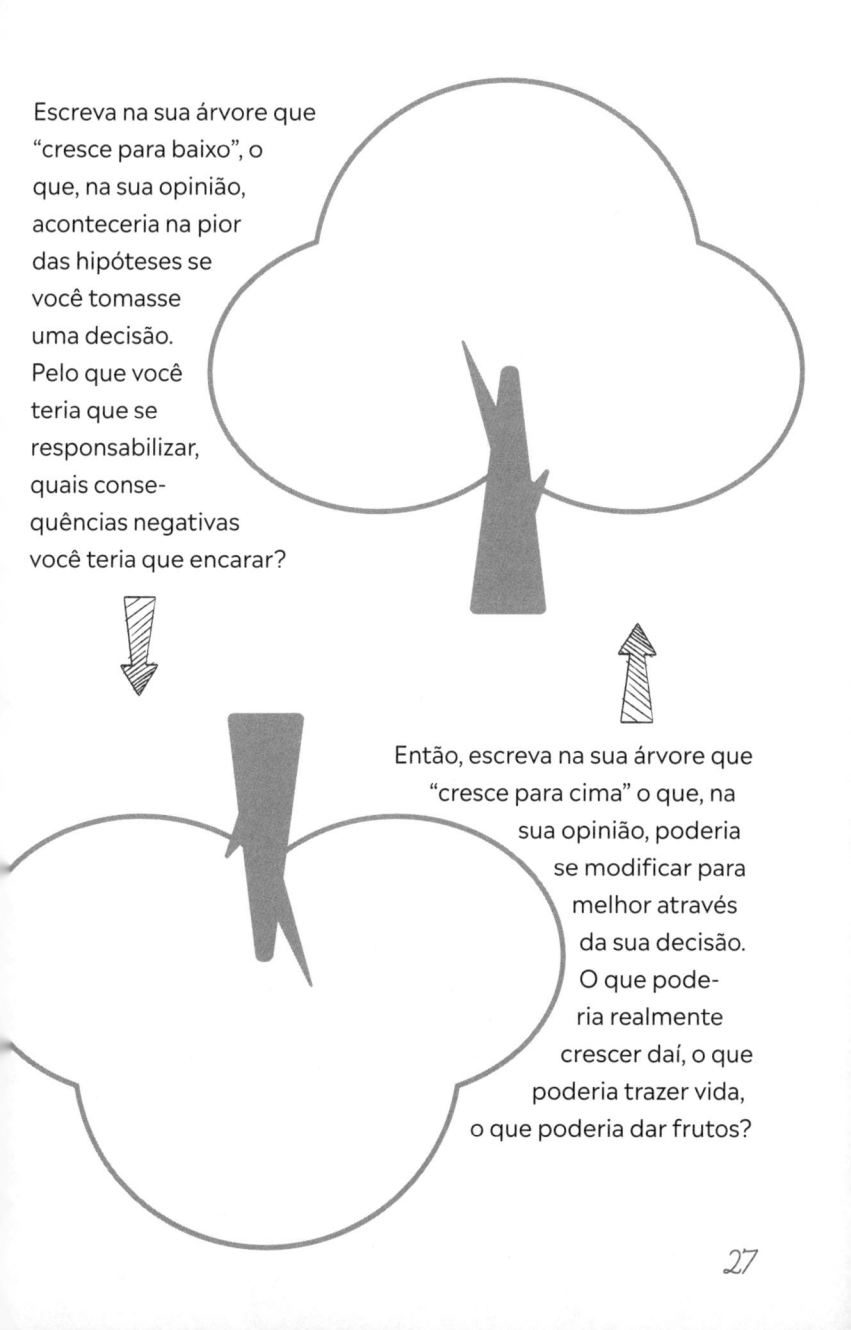

Então, escreva na sua árvore que "cresce para cima" o que, na sua opinião, poderia se modificar para melhor através da sua decisão. O que pode- ria realmente crescer daí, o que poderia trazer vida, o que poderia dar frutos?

Por fim, você poderá avaliar se está pronto para assumir essa responsabilidade e, na pior das hipóteses, defender as consequências da sua decisão.

Ao fazer isso, certifique-se de que possa discutir com antecedência alguns riscos ou efeitos negativos com as pessoas que serão afetadas. Talvez elas estejam preparadas para aceitar esses efeitos, pois, apesar de tudo, elas acham importante que você tome sua decisão da maneira que acha ser correta.

Talvez isso possa ajudar a tornar mais leve a carga sobre os seus ombros. Então os outros trarão espontaneamente suas "pequenas mochilas" para que a sua não fique tão pesada ao longo do caminho.

No entanto, essa responsabilidade tem limites. Somos responsáveis apenas pela nossa decisão. Como as pessoas à nossa volta decidirão em decorrência da nossa decisão é responsabilidade de cada um. Aqui é importante assumir sua responsabilidade, sem se sentir responsável por todos.

Onde minha responsabilidade pelo outro desafia sua própria responsabilidade?

Onde devo deixar ao outro sua própria responsabilidade?

Esta página é para as suas anotações.

"A mente que se abre a uma nova ideia jamais voltará ao seu tamanho original."

Albert Einstein

Tudo que fazemos tem consequências sobre o mundo. Cada pensamento que expressamos afeta o mundo. Ele desdobra seu efeito nas mentes das pessoas e, por fim, na sociedade. Responsabilidade significa que, ao tomarmos nossas decisões, temos como objetivo ter um determinado impacto sobre o nosso mundo. Aquilo que emitimos através de pensamentos, sentimentos, ações e energia, molda o nosso entorno. Faz diferença se nos permitimos ser orientados por pensamentos agressivos e destrutivos ou se trabalhamos para que esses pensamentos entrem em harmonia conosco.

Não podemos evitar ter esses pensamentos. Os antigos monges já nos diziam isto. Mas depende de nós decidirmos se queremos que pensamentos negativos ocupem espaço demais. Não se trata de afastar ou negar os sentimentos negativos, pois, neste caso, surgiria uma pressão para que fôssemos obrigados a sempre nos sentir bem. Tristeza e medo, irritação e dúvida fazem parte de nós. Não devemos negá-los. No entanto, depende de nós se queremos que os pensamentos e os sentimentos negativos determinem nosso comportamento.

Nem sempre são questões ligadas às grandes decisões que devemos tomar na vida, mas frequentemente são questões sobre as decisões quotidianas. Eu posso decidir como desejo começar um dia ou como desejo lidar com as pessoas que eu encontrar. Isso não significa que não irei me irritar ou que verei o mundo através de óculos cor de rosa. Mas sou responsável pela maneira como lido com meus humores e, sobretudo, como eu os transmito às pessoas com quem convivo e ao mundo que me cerca.

Um exemplo:
Quando alguém se comporta de maneira hostil comigo, posso responder sendo igualmente hostil. No entanto, também posso decidir, apesar ou até mesmo devido à sua hostilidade, ser gentil com essa pessoa. E talvez o ambiente se modifique para melhor.

Talvez você se lembre de mais alguns exemplos do seu quotidiano.

O fato de que influenciamos essencialmente nossos sentimentos pela maneira como pensamos sobre nós mesmos, nossa vida e sobre os outros é bem evidente para mim. Depende de nós decidirmos ter um ponto de vista positivo ou negativo. Mas, ao mesmo tempo é importante não colocarmos de lado precipitadamente os sentimentos negativos, pois eles também nos trazem uma vivência importante: dizem algo sobre nós mesmos. Devemos observar os sentimentos negativos e não simplesmente decidir jogá-los fora. Eles não se deixam expulsar assim tão facilmente. Eu só conseguirei me libertar desses sentimentos quando pesquisar minhas necessidades mais profundas que se expressam através deles. Apenas quando eu cuidar de tudo aquilo que vem à tona em mim, sem julgamentos, poderei me libertar dos pensamentos e dos sentimentos negativos. Esta será, então, uma decisão em prol da vida e da felicidade.

"Eu tenho pensamentos, mas eu não sou os meus pensamentos."
Tente seguir esse ditado e simplesmente deixe emergir todos seus
pensamentos. Imagine que você está sentado na frente de um
aquário ou está debaixo d'água e deixe os pensamentos passarem
na sua frente como se fossem peixes coloridos.
Talvez surja um baiacu que se infle na sua frente ou um linguado
que tenta se esconder na areia.

Deixe que os pensamentos simplesmente sejam, sem julgamentos. Observe-os, talvez você se alegre com a diversidade, mas tente não julgá-los. Se quiser, pode escrever seus pensamentos sobre os peixes nesta página.

Devemos sempre observar os dois polos: a realidade como ela é e a realidade como a vemos. Devemos levar ambos em conta. A maneira como vivenciamos a realidade depende sobretudo da maneira como a observamos, do nosso ponto de vista. Contudo, não podemos mudar a realidade ao nosso bel-prazer através de uma mudança de ponto de vista; temos que enfrentá-la. Caso contrário, erigiremos prédios de pensamento que não têm mais nada a ver com o real. Isso acabará nos conduzindo à perda da realidade. Em algum momento iremos acordar cheios de dores e perceberemos que imaginamos algo. Então, no final das contas, teremos deixado a vida passar.

Observe novamente os seus peixes na p. 36:
Se você for sincero consigo mesmo/a, quais desses peixes são a *realidade* e quais constituem a *sua realidade*, aquela que você construiu, no bom e no mau sentido?
Escreva dentro dos peixes desta página os pensamentos que são essenciais para sua tomada de decisão, pois eles retratam a realidade que você não consegue ignorar.

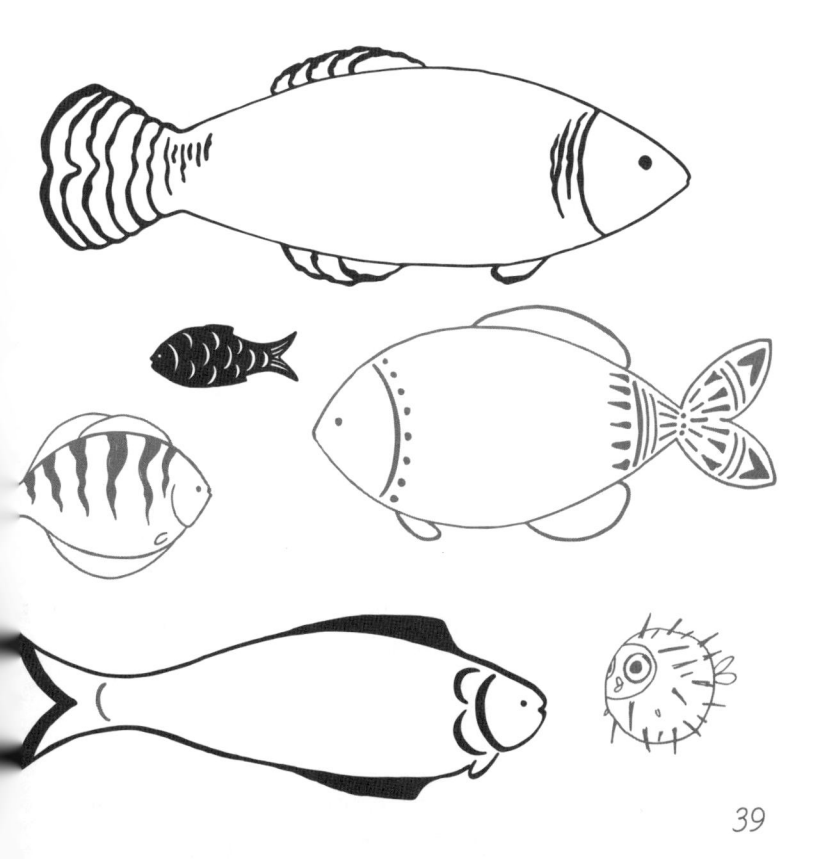

Ao conversar com algumas pessoas, sempre encontro quem se queixa sobre a vida: tudo parece ser tão difícil. Elas se sentem sozinhas; não são apreciadas pelos outros; não têm sucesso na profissão; não têm resultados tão bons quanto os seus colegas; seu casamento não é o que esperavam. Eu não posso simplesmente dizer para essas pessoas: decida-se pela vida. Quando mergulho no problema delas, frequentemente descubro que têm determinados conceitos e ideais de como a vida deveria ser. Por isso, sentem-se mal por não terem atingido esses conceitos e ideais: elas não são tão atraentes como gostariam de ser; não são tão bem-sucedidas como tinham sonhado ser.

Eu não posso simplesmente decidir ter sucesso ou ser atraente. Mas eu posso escolher viver em tal situação. Eu decido assumir a minha média, aceitar meus sucessos medianos e me alegrar quando algo dá bom resultado. Tenho que me despedir das ilusões que fiz sobre a vida. E então posso me perguntar:

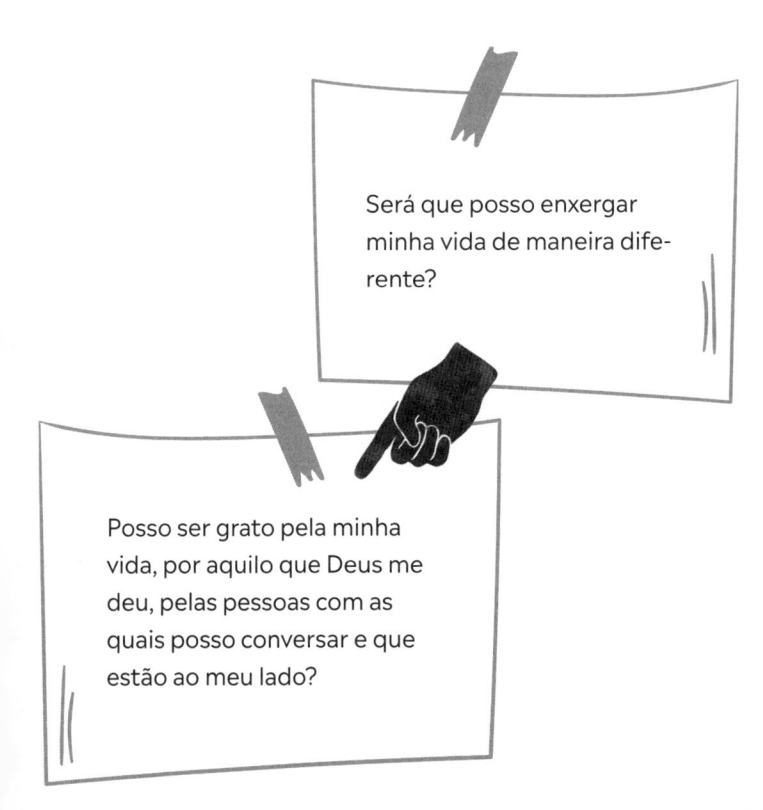

Será que posso enxergar minha vida de maneira diferente?

Posso ser grato pela minha vida, por aquilo que Deus me deu, pelas pessoas com as quais posso conversar e que estão ao meu lado?

Não podemos criar livremente a realidade através das nossas decisões e escolhas, mas podemos formar e estruturar o que nos é dado. Não somos responsáveis pela realidade que nos é dada, mas somos responsáveis pelo que fazemos dela, como nos relacionamos com ela e como a estruturamos.

É nosso dever formar um mundo mais humano e amoroso. O poeta grego Sófocles já reconhecera isto, pois em sua tragédia "Antígona" ele conscientiza as pessoas sobre suas responsabilidades: "Estou aqui não para odiarmos juntos, mas para amarmos juntos."

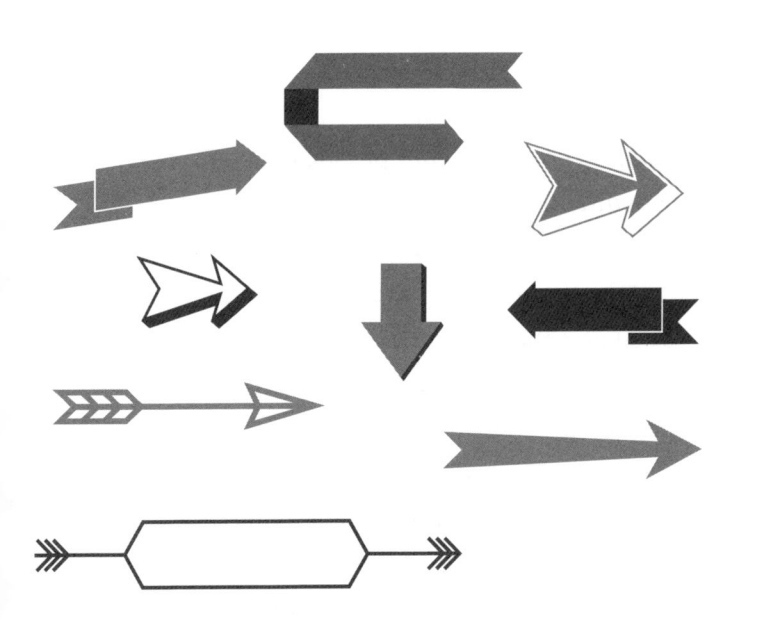

O QUE TORNA A TOMADA DE DECISÕES TÃO DIFÍCIL

Quando converso com pessoas que têm dificuldade em tomar decisões, pergunto sempre o que as impede de fazê-lo. Frequentemente elas respondem que não sabem o que é certo. Ou têm a impressão de que não conseguem decidir por um único caminho diante de tantas possibilidades, pois pode acontecer de descobrirem mais tarde que um outro caminho teria sido melhor.

Encontro nessas pessoas atitudes que as impedem de se decidir. A imagem que elas têm de si mesmas dificulta a tarefa. Por isso, é importante examinar as imagens e ideias por trás da incapacidade de tomar decisões.

Alguns acham que sempre têm que tomar a decisão correta. Mas isso não existe. Toda decisão é relativa. Nunca podemos antever tudo que vamos encontrar no caminho pelo qual nos decidirmos. É por esta razão que devemos contentar-nos com a relatividade nas nossas vidas e nas nossas decisões. Isso é difícil para aqueles que são perfeccionistas: querem ter tudo sob controle. No entanto, tomar uma decisão significa o oposto, ou seja, abrir mão da segurança, soltar aquilo que eu gostaria de reter.

Pequeno "Teste do perfeccionista"

☐ Tenho dificuldade em simplesmente deixar as coisas acontecerem. Preciso de um plano, a sensação de que posso moldar o meu tempo e o que me acontece e que estou no controle do que faço e do que não faço.

☐ Um dia sem plano? Isso não existe para mim. Simplesmente viver o dia – difícil de imaginar algo nesse sentido.

☐ Planos e listas de coisas para fazer são importantes para mim. Infelizmente isso não significa que possa considerar as tarefas como tendo sido realizadas. Cada tarefa precisa ser realizada com muita atenção!

☐ De alguma maneira, nunca tenho a sensação de ter terminado alguma coisa. Sempre existe algo que podemos melhorar. E muitas vezes, ao chegar no final, preferiria começar tudo de novo desde o início. Poderia ter um resultado completamente diferente e ser muito melhor!

☐ Quando me interesso por um assunto tenho que saber tudo a respeito. Às vezes leio horas a fio, passando de um pormenor ao outro, e no final tenho a sensação de ter aprendido apenas o mínimo. É muito frustrante!

☐ ( ) Para mim é importante fazer as coisas da maneira certa e realizar as tarefas. E muitas vezes não consigo entender como outras pessoas conseguem agir de maneira diferente, como elas conseguem entregar tarefas feitas pela metade, parecendo não se importar se não entregam a melhor versão do seu trabalho.

Se você se reconhece em alguma dessas afirmativas, provavelmente você tem tendências perfeccionistas. E talvez esse "pequeno perfeccionista" dificulte a sua tomada de decisões.

Reflita sobre o que pode entravar o caminho da sua tomada de decisões. Será que tem algo a ver com a sensação de deixar ir, de abrir mão, de não poder mais controlar – seja uma opção, uma tarefa ou um trabalho, uma pessoa ou um objeto?

Todo caminho pelo qual eu me decidir também apresentará obstáculos e conduzirá a impasses. Muitas pessoas começam, então, a vacilar em suas decisões. No entanto, essa é a pergunta a ser feita: o que é uma decisão errada? Devemos confiar que, através das decisões, encontraremos o caminho. Talvez seja esse o momento em que iremos amadurecer.

Quando você pensa sobre sua vida até agora: há alguma decisão que, do seu ponto de vista atual, você acha que tenha sido realmente errada e que faz você pensar: com certeza hoje eu teria feito isso de maneira totalmente diferente? Se sim, qual?

O que o teria ajudado – que conhecimento você tem hoje, que pessoa, que circunstâncias de vida – a tomar uma decisão diferente, a ter tomado a decisão certa naquela época?

Há também decisões na sua vida que você continua achando que estão erradas, mas que na época você achava que eram a coisa certa a ser feita?

O que mudou, o que se tornou diferente para que uma decisão errada pudesse finalmente tornar-se a decisão certa?

Hoje em dia, quando você tem que tomar alguma decisão, há alguma coisa que pode ser aproveitada dessa experiência passada?

Qual dessas experiências – tanto boas quanto ruins – o ajuda atualmente a tomar decisões, que talvez sejam até melhores para a sua vida?

Outro obstáculo à tomada de decisões é a ideia de que quero manter todas as portas abertas. Quando decido tomar um caminho, automaticamente me decido contra todos os outros. Abro uma porta, mas, ao mesmo tempo, também fecho outras portas. E muitas pessoas não conseguem conviver com portas fechadas. No entanto, se elas deixarem todas as portas abertas, estarão sempre expostas às correntes de ar. Isso não faz bem à alma e não conseguem seguir em frente. Em algum momento as portas abertas acabam se fechando sozinhas e a pessoa fica de pé diante de várias portas fechadas.

Você tem a impressão de que, neste momento, existem correntes de ar passando pela sua alma, pois muitas portas estão abertas? Talvez seja útil marcar as portas com as possibilidades que estão escondidas por trás delas. E depois pense quais portas você gostaria de fechar ou por quais você não tem a menor vontade de passar. Por exemplo, você pode pintar de vermelho as portas que pretende fechar.

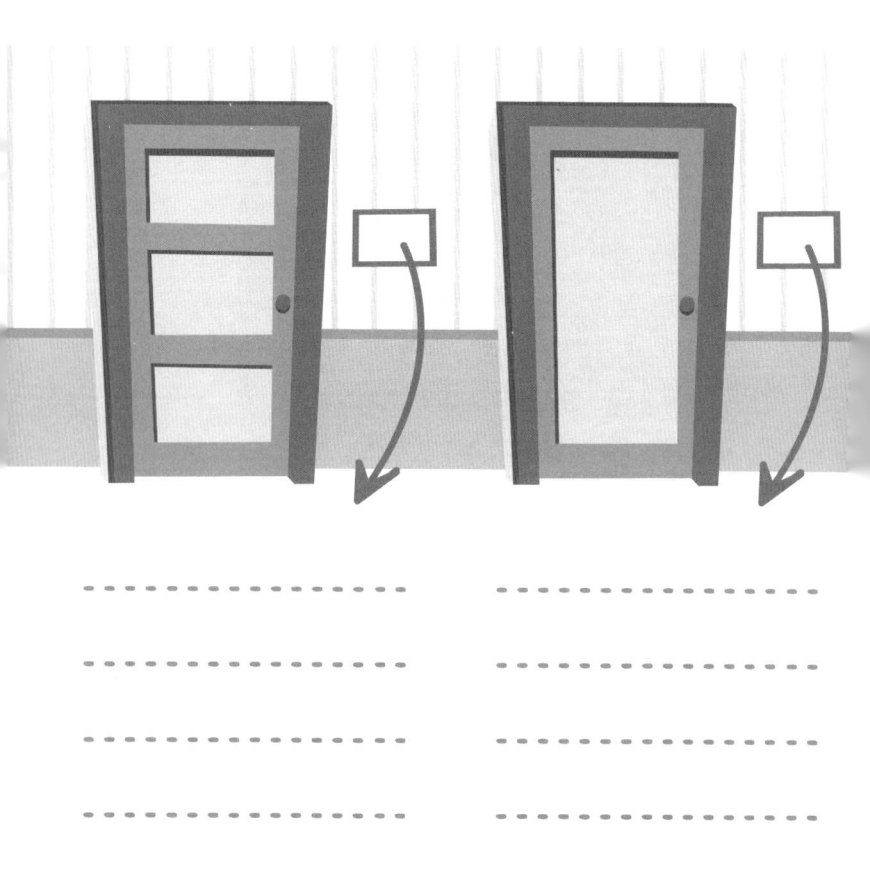

Algumas pessoas receiam que a porta poderia ser a errada. O medo deveria ser um convite à confiança de que as minhas reflexões me mostrarão qual é a porta pela qual devo passar. Devo me dirigir à porta onde sinto mais paz. E posso confiar no seguinte: não importa por qual porta eu passe, tenho de passar por ela para poder avançar. Os caminhos externos podem ser um sustentáculo para o sucesso. Mas no final, o que importa é o fato de que escolho a vida.

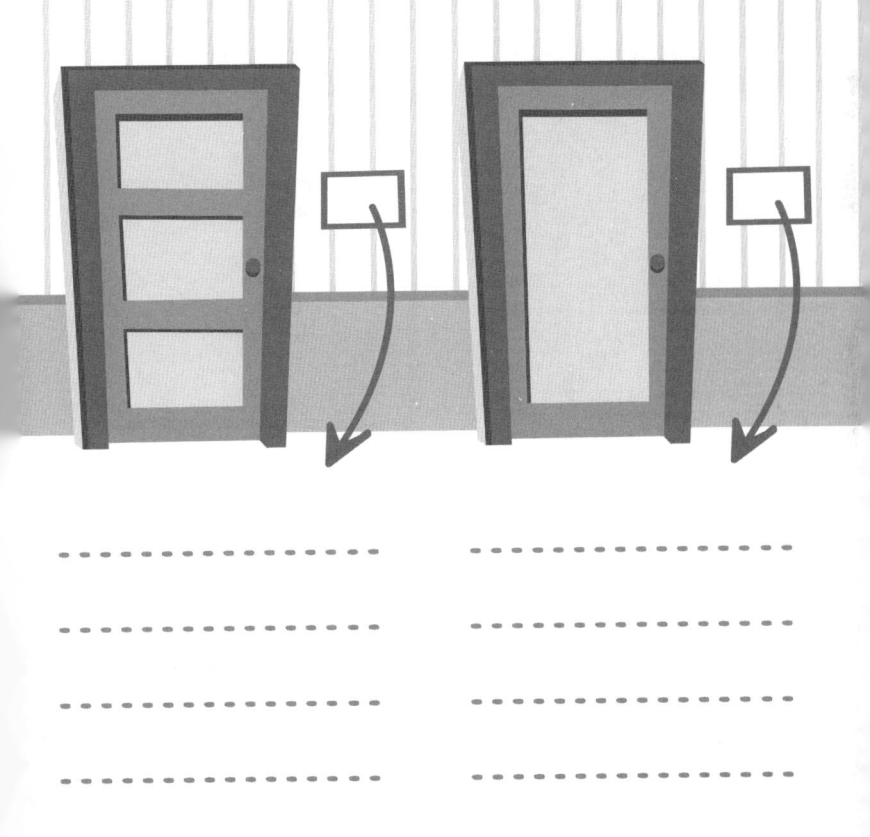

Observe novamente as portas na p. 54. Qual porta lhe transmite mais vigor e intensidade? Atrás de qual porta você acha que encontrará mais paz para a sua vida? Talvez isto o ajude a restringir a sua escolha e a tomar a sua decisão.

Vivacidade

Paz

Eu me decido por:

Uma vestibulanda me contou que não sabia o que deveria estudar. Ela conseguira ótimas notas em todas as matérias e gostaria de poder seguir todos os cursos, mas não é possível estudar tudo. Devemos optar por um caminho. Seu problema não era só o medo de tomar a decisão errada. Além desse medo, somava-se o medo da sua própria culpa. Ela achava que seria culpada caso sua vida não desse certo. Se tomasse a decisão errada, jamais conseguiria se perdoar por isso. Temos tendência a pensar que podemos andar por aí como um "quadro em branco" durante toda nossa vida: queremos seguir em frente sem sentir culpa alguma. Mas esse quadro não corresponde à realidade. Quer queiramos ou não, em nossa vida sempre seremos culpados de alguma coisa.

Na imagem da Parábola do Servo Sábio
(Lc 16,1-8) esbanjaremos sempre parte
da riqueza que Deus nos confiou. Mas em
cada situação da minha vida devo decidir
tão sabiamente quanto o servo da parábola. Só poderei decidir quando me confor-
mar com o fato de que posso tornar-me
culpado ou que sentimentos de culpa
podem vir à tona em mim.

Talvez a decisão que lhe cause dificuldades não seja sobre assuntos estudantis, mas você conhece o sentimento de sentir-se culpado com ou por causa da decisão que tomou:

Você percebe que a sua relação com o seu parceiro ou parceira não funciona mais tão bem, mas você não consegue decidir colocar um ponto-final na relação, pois você se sente culpado por causa do outro.

Você recebeu uma proposta incrível de trabalho; no entanto, essa proposta é em uma cidade que fica a 100km de distância. Se você aceitá-la, talvez se sinta culpado por causa dos seus pais, pois não conseguirá mais cuidar deles como antes ou talvez se sinta culpado devido a outras pessoas que precisam da sua ajuda e que você estaria deixando para trás.

Você tem um trabalho que não o satisfaz, mas foi um amigo que conseguiu esse trabalho para você em um momento difícil da sua vida. Agora você poderia ocupar um cargo que realmente o estimula, mas tem a sensação de que estaria sendo ingrato e estaria agindo de forma censurável para com seu amigo.

Você poderia, depois da sua licença-maternidade/paternidade, voltar ao seu antigo cargo, no entanto isso significaria ter que deixar o seu filho na creche*. Você se sente culpado porque seu trabalho é muito importante, mas você tem a sensação de que está descartando seu filho.

* Em alemão, no original: Kita, abreviação de Kindertagesstätte [N.T.].

Escreva, com relação à decisão que você tem que tomar, as suas diferentes possibilidades e consequências sobre as portas. E tente descobrir por detrás de qual delas encontrará a maior vitalidade, a maior liberdade, independente de decidir fazê-lo agora ou não.

Para uma decisão tão importante e difícil, também se pode utilizar o bom e velho método de fazer duas listas: uma com argumentos a favor da decisão e outra com argumentos contra ela.

Pró

+ ....
+ ....
+ ....
+ ....
+ ....
+ ....
+ ....
+ ....
+ ....

Contra

− ....
− ....
− ....
− ....
− ....
− ....
− ....
− ....
− ....

Você pode pendurar essas listas, juntamente com as suas decisões, em diferentes portas da sua casa e simplesmente deixá-las lá por algum tempo. Olhe-as de vez em quando, ao passar por elas. Em determinado momento, talvez você tenha a sensação de que agora consegue tomar uma decisão.

Pró

+ ....
+ ....
+ ....
+ ....
+ ....
+ ....
+ ....
+ ....
+ ....

Contra

− ....
− ....
− ....
− ....
− ....
− ....
− ....
− ....
− ....

Há algo que você não deve se esquecer: sentir-se culpado diante de si mesmo se sempre colocar os outros em primeiro lugar ou se colocar seus desejos e necessidades atrás dos desejos e necessidades dos outros. É sempre necessário fazer compromissos a esse respeito, mas nem sempre é preciso colocar a si próprio e os seus desejos no final da sua lista.

Uma outra ideia: separe um tempo, procure um lugar tranquilo e anote como seria um dia da sua vida se você se decidisse por uma ou outra possibilidade – da hora de acordar até o momento de dormir. Escolha um dia normal ou pense como suas férias ou feriados iriam transcorrer. Dessa maneira você consegue ter uma visão mais ampla de quais são as diferenças de acordo com as diversas possibilidades e também como você se sentiria se levasse esse tipo de vida.

Aqui está um espaço para você anotar suas "Histórias de vida".

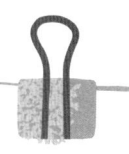

Aqui está um espaço para você anotar suas "Histórias de vida".

Muitos que, após longas deliberações, finalmente optaram por um caminho, lamentam as outras opções que foram excluídas pela sua decisão. Eles estão sempre pensando se não teria sido melhor se tivessem tomado uma decisão diferente. Desta forma, eles ficam paralisados e roubam toda a força de que necessitam para seguir com energia pelo caminho que escolheram. Quem escolhe um caminho está sempre decidindo contra outros e deve fazer o luto pelos que foram excluídos. Fazer o luto e seguir confiante é diferente de lamentar e sentir saudades do que poderia ter sido. Quando lamento o que poderia ter sido, continuo agarrado às possibilidades que deixei para trás, eu não sigo em frente. No luto, atravesso a dor que sinto quando penso nas possibilidades passadas. Ao passar pela dor, entro em contato com o âmago da minha alma e descubro aí o potencial das capacidades e talentos que Deus me deu.

Você
pode
escolher
palavras-chave
que representem as
possibilidades que você
não escolheu, escrevê-las
em uma pedra e então
jogá-la com bastante
impulso em um rio
ou lago.

Vá à p. 65
e leia como
seria um dia
a partir da vida
que você poderia
ter vivido, escreva-o
novamente em uma folha de
papel em separado ou faça uma
cópia desta página. Escolha apenas
as possibilidades pelas quais você não se
decidiu. Você pode queimar esses papéis
e misturar as cinzas na terra, colocá-las em
um vaso ou em uma floreira e plantar ali
sementes de flores ou especiarias. Dessa
maneira, das possibilidades pelas quais
você não se decidiu, crescerá algo novo
que poderá até mesmo enriquecer o
seu cardápio e poderá saboreá-las
conscientemente.

Você pode também dobrar as listas de prós e contras e transformá-las em origamis e dá-los de presente ou fazer móbiles que você poderá colocar na sua janela ou sobre a sua escrivaninha.

Para comemorar, você pode se presentear e embrulhar seu presente na lista de prós e contras que você não vai mais precisar. Escolha um momento especial para desembrulhar o presente e jogue por fim a lista, conscientemente, no cesto de papéis.

Para muitas pessoas, fazer o luto de algo e depois deixá-lo ir embora é mais fácil se elas conseguirem não só refletir sobre o assunto, mas também fazer algo para senti-lo sensorialmente, para agarrá-lo e compreendê-lo. Aqui estão algumas ideias:

O medo que nos impede de decidir está sempre relacionado a certas imagens e ideias que temos sobre nós mesmos e nossas vidas. Pelo fato de nos agarrarmos às nossas imagens preexistentes, não nos atrevemos a decidir, pois as decisões questionam a nossa própria autoimagem e a imagem que temos da nossa vida. E este questionamento das nossas próprias imagens é assustador. Isso me paralisa. As decisões só podem ser tomadas por aqueles que estão preparados para se libertarem das imagens que têm de si próprios e da sua vida e se deixam envolver nas coisas novas que entram nas suas vidas através de uma decisão, permitindo-se, assim, trilhar um novo caminho.

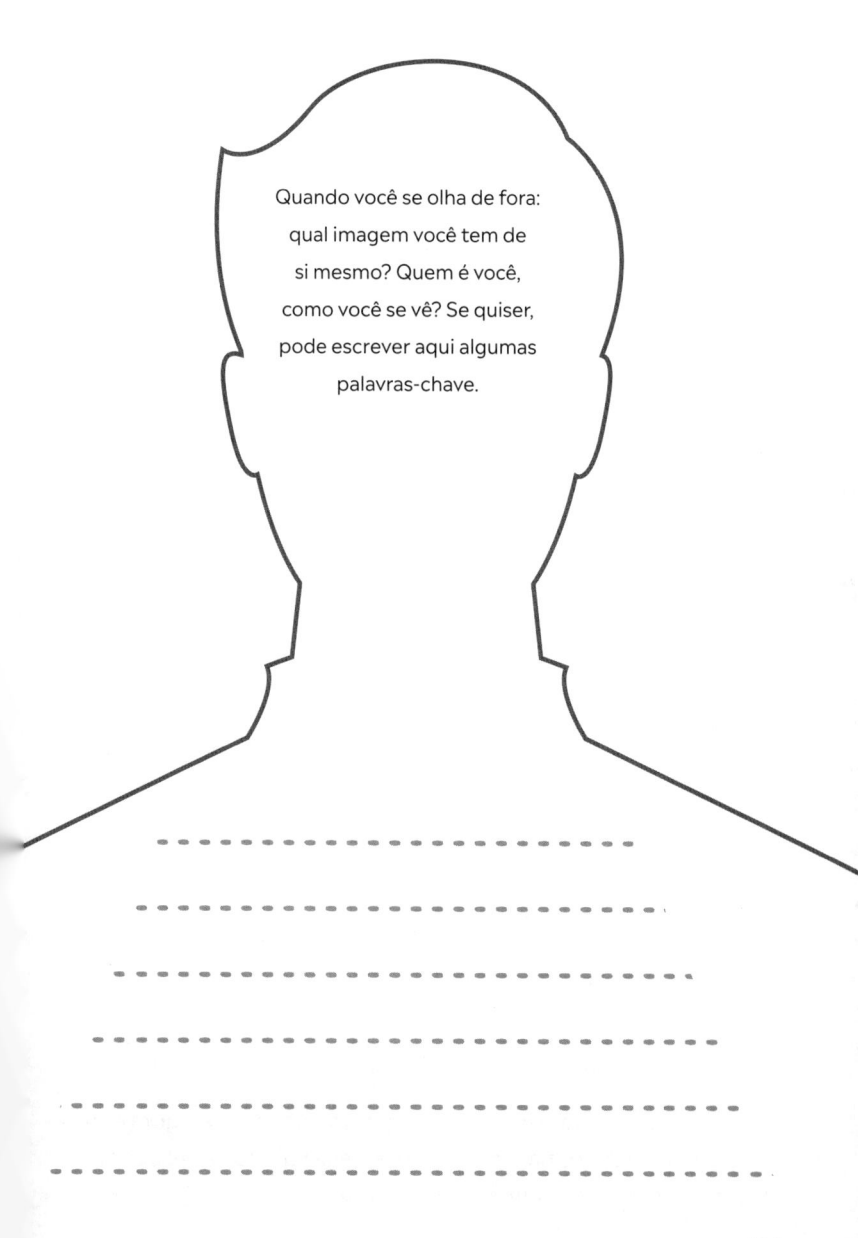

Quando você se olha de fora: qual imagem você tem de si mesmo? Quem é você, como você se vê? Se quiser, pode escrever aqui algumas palavras-chave.

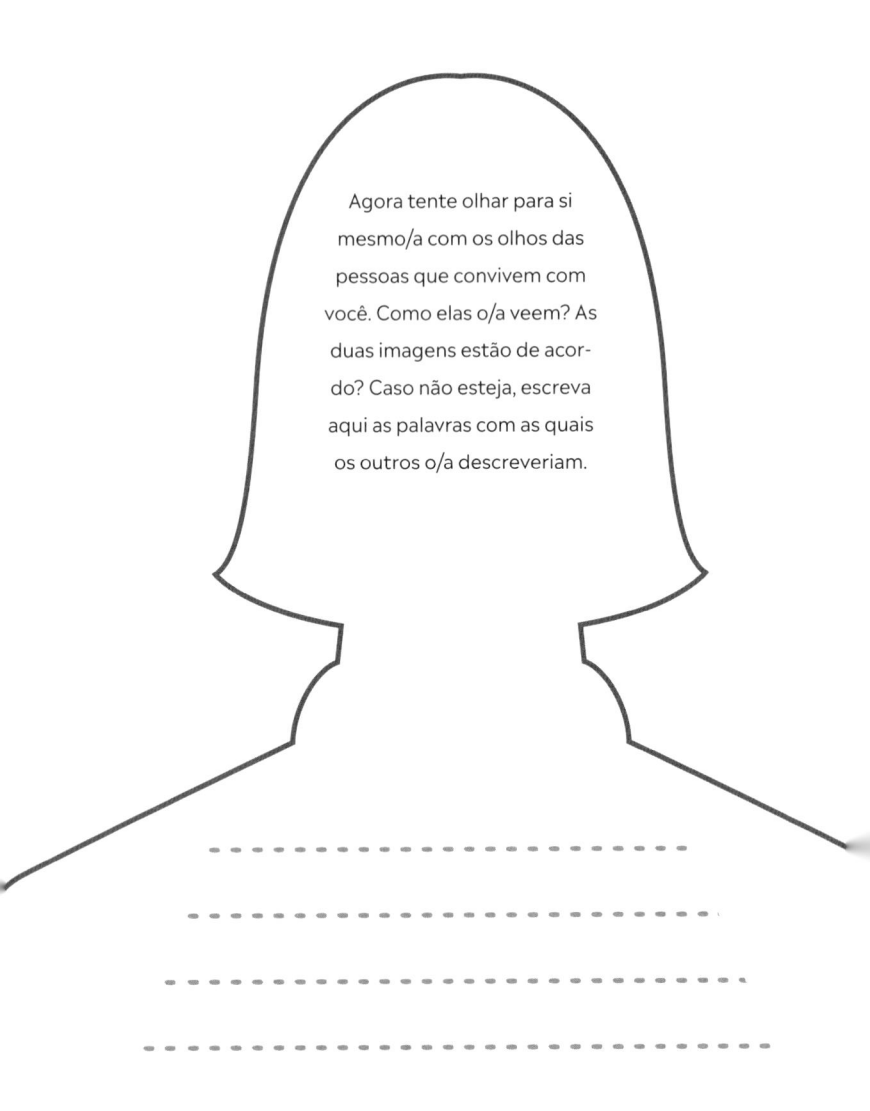

Agora tente olhar para si mesmo/a com os olhos das pessoas que convivem com você. Como elas o/a veem? As duas imagens estão de acordo? Caso não esteja, escreva aqui as palavras com as quais os outros o/a descreveriam.

Você também pode copiar esta página, recortar essa figura e dá-la a alguém de sua confiança. Pergunte a essa pessoa se ela pode descrevê-lo/a com algumas poucas palavras.

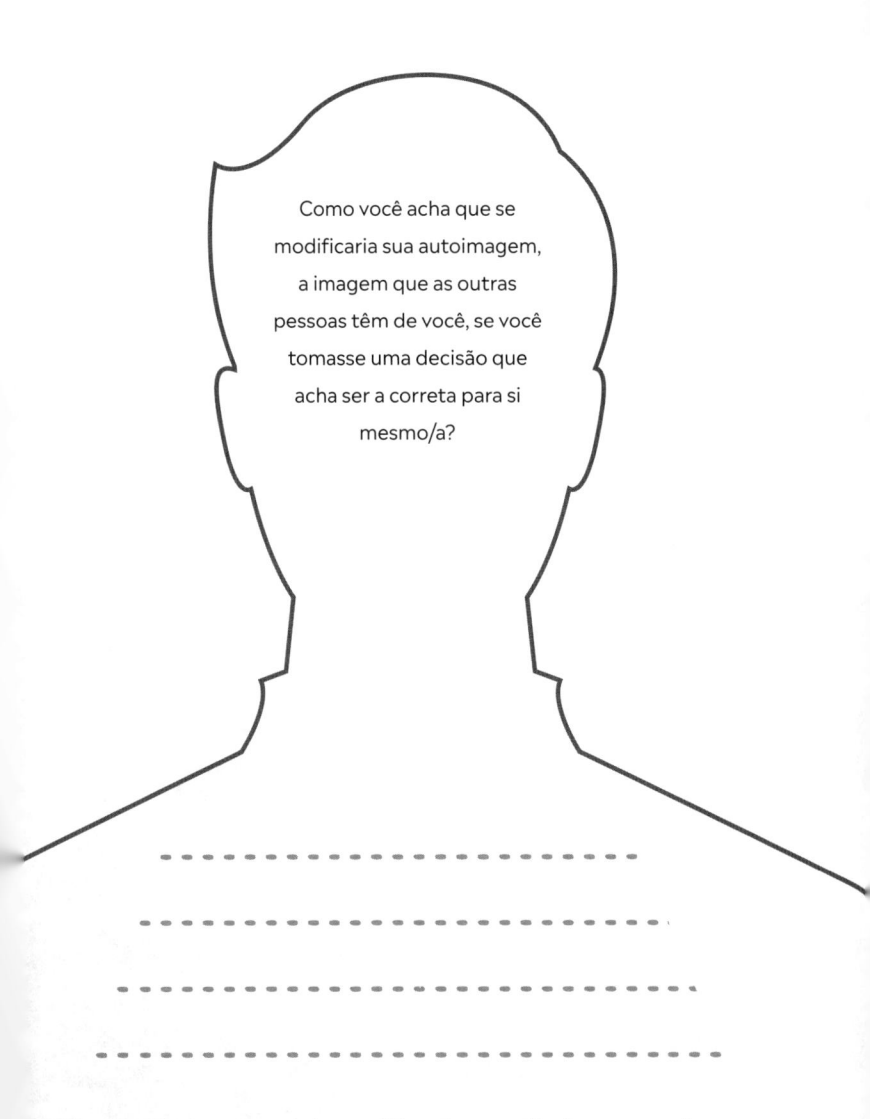

Como você acha que se modificaria sua autoimagem, a imagem que as outras pessoas têm de você, se você tomasse uma decisão que acha ser a correta para si mesmo/a?

Talvez você possa também verificar isso pedindo a um amigo ou amiga de confiança para preencher o perfil desenhado nesta página.

As duas versões divergem? Alguma coisa muda realmente na imagem que você tem de si e que os outros têm de você como resultado da sua decisão?

Aqui há espaço para suas anotações:

Em caso afirmativo: na sua opinião, por que isso acontece? Seria difícil para você se a imagem que tem de si mesmo/a mudasse? O que nessa nova imagem não lhe agrada ou você não gostaria que fizesse parte dela?

Aqui há espaço para as suas anotações:

Algumas pessoas pretendem tomar uma decisão, mas elas querem, antes, ter certeza de tudo que vai acontecer. Lucas tem tal situação em mente quando fala de um homem que quer seguir Jesus. "Disse também outro: Senhor, eu te seguirei, mas deixa-me despedir primeiro dos que estão em minha casa" (Lc 9,61). A este homem, Jesus responde de maneira radical: "Ninguém, que lança mão do arado, e olha para trás, é apto para o Reino de Deus" (Lc 9,62). Com esta frase, Jesus desafia-nos a confiarmos em nossos próprios sentimentos. Se sentirmos dentro de nós mesmos que uma decisão está correta, então devemos tomá-la sem tentar procurar garantias por toda parte.

O psicólogo suíço Carl Gustav Jung fala desse ímpeto de pegar a sua própria vida em mãos e, desta forma, tornar-se vulnerável. Ninguém que não se atreva a sair na chuva para se molhar, faz história, pois esta é a maneira de levar até o fim a experiência que é a sua própria vida. Quem se decide sai na chuva e se molha; mostra-se aos outros junto com a sua decisão; atreve-se a sair da sua concha e a se mostrar aos outros.

AUXÍLIOS PARA TOMAR DECISÕES

Para as grandes decisões que dizem respeito à sua vida futura – a decisão por um parceiro, a decisão por uma carreira ou mudança de carreira, a decisão por uma mudança de endereço, a decisão por um caminho sem casamento –, existem ajudas concretas. Para isso, você deve entregar-se à sua fantasia.

Imagine o seu futuro: daqui a dez anos estarei vivendo com esta parceira ou parceiro ou sem ela/ele. Quais são os sentimentos que vêm à tona quando você imagina estar junto com ela/ele? O que você sente quando imagina o futuro sem ela ou ele?

Aqui há espaço para anotar suas reflexões:

Eu imagino: daqui a cinco anos ainda estarei neste emprego. Como estarei então? Ou estarei no novo cargo para o qual acabei de ser indicado. Quais sentimentos vem à tona?

Compare agora os sentimentos despertados em cada alternativa. Reflita onde você sente que flui mais paz, vigor, vivacidade, liberdade e onde há mais amor. Este é também um convite para você fazer uma escolha. Se o medo e a apreensão predominarem numa alternativa, isto é um sinal de que este não é o seu caminho ou de que deve pensar mais profundamente sobre de onde vêm estes medos e apreensões.

Uma segunda ajuda: passo dois dias com a ideia firme de que tomei uma decisão. Eu decidi algo: entrar para um convento ou permanecer no meu emprego e ficar ocupando este cargo. Levanto-me com a ideia de já ter tomado determinada decisão.

Durante o café da manhã eu rumino essas ideias. Quando saio para passear fica claro que tomei essa decisão. Ao conversar com os outros tenho essa decisão em mente. Então escrevo as sensações e sentimentos que tive ao longo destes dois dias.

Aqui há lugar para que você anote seus pensamentos e reflexões.

Por fim, passo dois dias com a ideia de que me decidi pela outra alternativa. Eu me levanto com a ideia: decidi não entrar no convento ou não aceitar esse cargo no meu emprego.

Durante o café da manhã, no trabalho, no meu tempo livre, em todo momento, acompanha-me a ideia de viver essa alternativa. Então, após dois dias, anoto novamente as sensações e sentimentos que tive ao vislumbrar essa possibilidade.

Aqui há espaço para anotar seus pensamentos.

Então, comparo os sentimentos e sensações que tive ao longo desses dois dias. A minha alma vai decidir por aquela decisão onde pesarem mais os sentimentos de paz, liberdade, intensidade, vigor, vivacidade e amor. Às vezes, mesmo após o exercício, ainda não conseguimos ver com clareza. Logo, é importante aguardar.

> Por vezes, é importante estabelecer prazos dentro dos quais devemos tomar decisões. Apesar disso, não podemos "tirar uma decisão da cartola". Se nos colocarmos sob demasiada pressão, isso de nada ajudará. Precisamos ter paciência.

Dia (Duração)	O que eu decidi?	Essa parece ser a decisão correta para mim?	Tomar uma decisão definitiva até::

A minha experiência é a de que este exercício foi um impulso para iniciar um processo de tomada de decisão. Com o tempo, uma decisão cristalizou-se. É importante que a clareza prevaleça em algum momento. Ambos são necessários aqui: a paciência para que uma decisão amadureça e a coragem para tomar essa decisão. Em um determinado momento, tenho que saltar. No entanto, não posso forçar decisões fundamentais sobre a minha vida estabelecendo um limite de tempo. Por um lado, deveria desafiar a mim mesmo; mas, por outro, deveria também dar-me o tempo necessário para dar o salto apenas quando isso realmente me levar mais longe.

Uma outra ajuda ou exercício consiste em confiar nos sonhos ou nas imagens internas. Carl Gustav Jung dizia: não devemos deixar que o sonho tome uma decisão. Devemos deixar que o sonho faça parte da decisão. Ele é uma voz importante que quer ser ouvida. Mas a decisão é, por conseguinte, claramente uma questão de vontade, que leva em consideração a mente, o sentimento e as imagens interiores mostradas nos sonhos. Contudo, algumas pessoas têm, após um sonho, a certeza interior de que devem tomar uma determinada decisão. Não é tanto uma interpretação do sonho que as impele a tomar uma decisão, mas a sensação que têm ao acordar.

Você consegue se lembrar dos seus sonhos quando acorda de manhã? Você já teve a sensação de que um sonho quer mostrar-lhe algo do seu subconsciente que você não teria visto de outra forma? Existe algum sonho que tenha ficado na sua memória? Então, escreva-o aqui e reflita se, na época, ele lhe forneceu algo que o ajudasse a seguir o seu caminho.

Quando você estiver diante de uma decisão importante, preste atenção, durante as próximas semanas, nos seus sonhos. Coloque este livro e uma caneta ao lado da sua cama para que você possa anotar seu sonho de imediato, assim que acordar, pois frequentemente as memórias dos sonhos são muito fugazes.

Mesmo que o que sonhou pareça confuso ou sem sentido no início, anote e deixe agir durante algum tempo.

Leia aquilo que você escreveu sobre seus sonhos durante mais alguns dias ou semanas. Talvez você queira pesquisar na internet usando a palavra-chave "símbolos nos sonhos". Depois, dê-se algum tempo e reflita se pode haver uma mensagem oculta para você em tudo isto.

Nem sempre são os sonhos noturnos que nos ajudam a tomar decisões. Podem também ser imagens internas que surgem e emergem dentro de nós. Elas nos mostram, a um nível mais profundo, como decidir. No entanto, é importante observar essas imagens de maneira consciente e encontrar a decisão com base nessas imagens. Não devemos deixar a decisão a cargo das imagens, mas devemos, de todo modo, abordar a questão não apenas com a nossa mente, mas também com o nosso coração que muitas vezes nos fornece a imagem que mostra o caminho.

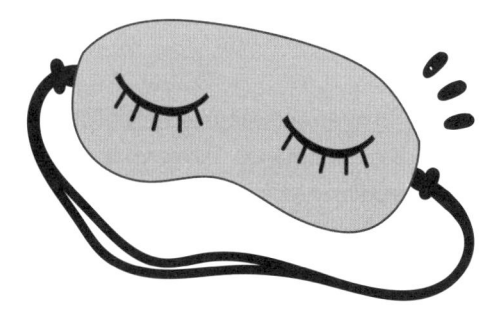

Ao fechar os olhos, talvez venha à sua mente uma espécie de visão do futuro diante do olhar do espírito. Se quiser ajudá-la, separe uma hora ao longo do seu dia para sonhar acordado: deite-se em uma campina ou na sua cama ou em qualquer lugar onde você se sinta bem e deixe os pensamentos fluírem livremente. Sonhe de olhos abertos sobre aquilo que você deseja ou simplesmente preste atenção às imagens que se apresentarem a você. Se quiser, anote-as aqui.

RITUAIS – MOLDANDO A DECISÃO CONSCIENTEMENTE

Os rituais estruturam a vida. Quando tenho meu ritual matinal fixo, não preciso me decidir a cada vez quando tenho que levantar e como devo começar o dia. Os rituais nos aliviam a pressão de a cada instante termos que decidir pró ou contra alguma coisa. Mas os rituais também podem se esvaziar. Neste caso, eles fazem com que sigamos a vida sempre no mesmo passo, sem as necessárias decisões que fazem a vida caminhar. Os rituais devem nos proporcionar um espaço livre, não para que evitemos as decisões que devemos tomar ao longo da vida, mas para que o façamos com nossa liberdade interior. Os rituais querem nos convidar a moldarmos nossas vidas e a lhes darmos uma forma clara. Eles fornecem uma estrutura que nos faz bem.

Os rituais abrem espaço para as decisões essenciais que não podemos evitar. Eles nos aliviam de muitas decisões sobre coisas externas – como a agenda e as tarefas diárias –, para nos dar força para aquilo que é importante em nossas vidas. Mas ao praticar rituais, eu também decido que eu próprio vivo, ao invés de ser vivido; que sou eu quem dou forma à minha vida, que a moldo, ao invés de deixar outros me dizerem o que fazer.

Você percebe que existem rituais fixos na sua vida que aliviam ou resolvem suas tomadas de decisão diárias? Podem ser pequenas coisas: um horário fixo para acordar, o café da manhã sempre igual, momentos de pausa...

Existem rituais que você conscientemente escolheu? Em caso afirmativo: por que você fez isso e como isso o ajuda em sua vida?

Os rituais não apenas nos aliviam de várias decisões que têm que ser tomadas todos os dias. Às vezes, eles também podem ser uma ajuda para a tomada de decisões. Por vezes, estabelecemos prazos para tomá-las. Dizemos: "Eu preciso primeiro dormir para depois pensar no assunto". Isso é um ritual. Frequentemente são pequenos instantes que colocamos entre o pedido e a decisão. No entanto, isso nem sempre funciona. Então, pode ser útil parar, inspirar e escutar o coração ou o ventre.

Cada um tem seus rituais. Eles ajudam para que a decisão não seja puramente racional, mas para que no fundo da alma cresça a confiança de que tomaremos a decisão certa.

Você também conhece algum ritual desse tipo?

Então, certamente já teve boas experiências com isso. Caso contrário, eis aqui algumas ideias que você talvez queira experimentar:

Dê um passeio. Ar fresco e exercício ajudam-nos a pensar. Além disso, dessa maneira conseguimos nos distanciar dos nossos sentimentos e podemos voltar a pensar objetivamente.

Dormir uma noite pensando no assunto. Muitas vezes pode ser útil não responder de imediato a um pedido, a uma proposta, a uma oferta, mas deixar o sol se pôr e se erguer sobre o problema. Isso também faz com que pensamentos e sentimentos se acalmem e arrefeçam.

Quando temos que tomar decisões que afetarão profundamente nossa vida, longas caminhadas durante vários dias ou semanas ou um período passado em uma casa de retiro ou em um convento podem ajudá-lo a encontrar a segurança interna.

Dar-se o tempo necessário. Quer eu me sente e acenda uma vela ou escute música, contemple o céu ou até feche os olhos – concentrar-se em si mesmo o ajudará para que as decisões sejam tomadas a partir do seu âmago e não apenas com a razão, mas após ter perguntado também ao seu coração.

Durante o trabalho, sinto muitas vezes que sou absorvido por tarefas externas: organização, reuniões, respondendo aos vários e-mails. Os rituais sempre vêm me resgatar do exterior e fazem com que eu retome contato comigo mesmo, com o meu centro. E quando estou comigo, sinto também que tomo decisões a partir do meu centro.

Conhecemos também rituais que dão testemunho externo de uma tomada de decisão. Um noivado, por exemplo. Através de rituais externos, a decisão interna dada ao parceiro/parceira é documentada por testemunhas e convidados presentes. Algo semelhante acontece também com outros rituais, que externalizam uma escolha ou uma decisão, tais como a ordenação de um padre ou abade ou também a tomada de posse de um prefeito ou ministro. Obviamente, os rituais dão a uma pessoa a energia necessária para levar a cabo a decisão que tomou para a sua vida. E dão à pessoa em questão um sentimento de responsabilidade para com as pessoas perante as quais o ritual é realizado, além de trazer igualmente clareza e segurança: agora decidi assumir este papel, esta tarefa. Agora também assumo responsabilidade por este aspecto.

Seja qual for o tipo de decisão que tenha de enfrentar: assim que tiver decidido, você pode pensar em fazer seu próprio ritual, menor ou maior, que torne esta mudança visível para si e talvez também para os outros.

Não precisa ser uma grande cerimônia, pode ser um convite para jantar em que você comunicará em voz alta sua decisão e brindará com seus convidados.

Quando surgir uma nova fase em sua vida, você também pode ir a um riacho ou a um córrego, e conscientemente atravessar a água até o lado oposto e ali, na nova margem, festejar com um piquenique. Ou você pode subir uma montanha, saborear a, por assim dizer, nova perspectiva de vida a partir do alto da montanha e dar um tempo para si mesmo/a sozinho/a para, conscientemente, refazer os passos individuais ao longo do caminho, os altos e baixos que o/a levaram a tomar essa decisão.

Mas talvez você tenha outras ideias completamente diferentes, que lhe convêm ainda mais. Aqui há lugar para anotá-las.